Ganando su demanda de lesiones corporales

Por Doug Zanes, Abogado

Clausula

Doug Zanes está certificado para ejercer leyes en el estado de Arizona solamente. Tanto como el Sr. Zanes y Zanes Law no garantizan el éxito simplemente con realizar los siguientes pasos descritos en este libro. El resultado de un caso se basa en el factor específico de este. El resultado que Doug Zanes y Zanes Law hayan obtenido para sus clientes, de ninguna manera o indica cuáles serán los mismos resultados que usted obtenga en sus demandas al leer este libro. Doug Zanes y Zanes Law le aconsejan firmemente que usted consulte con un abogado calificado en su estado sobre cualquier asunto de demanda.

Tabla De Contenido

CAPÍTULO UNO

¿POR QUÉ YO?

En los diecisiete años que llevo ejerciendo derecho y he escuchado esta frase más veces las que puedo contar. Imagínese que usted lleva un día normal, cuando, de repente e inesperadamente, usted es lesionado. Es bastante desagradable cuando es su culpa porque después de todo, los accidentes pasan, y podemos ser los responsables. Pero, es más desagradable cuando alguien más es el responsable y usted es inocente. En este caso, usted debe afrontar el impacto que cambiará su vida por culpa de la negligencia de otra persona. Digo, "Que cambia la Vida" porque la mayoríade las lesiones que he visto han cambiado vidas, incluso, aunque hayan simplemente sido temporales; porqué mis clientes eventualmente mejoran. Mas sin embargo sí "Cambia la Vida".

¿Entonces, porque yo?

Lógicamente todos sabemos que no existe una razón del porqué usted fue el que se lesionó. Mis clientes generalmente dicen que fue porque estuvieron en el lugar equivocado a la hora equivocada. Sin embargo, al final, el porqué usted fue el que resultó lesionado no es más importante que el *que usted pueda volver a ser el mismo que era antes de su accidente.*

El "cómo es en lo que este libro se enfocará. No podemos regresar el tiempo ni cambiar el pasado; pero si podemos crear un futuro positivo y el saber " cómo es la llave.

¿Quién soy yo?

¿Por qué debe usted confiar en mi para que le demuestre el "cómo"? Lo dice la portada de este libro; mi nombre es Doug Zanes. Soy abogado litigante. Soy el propietario de Zanes Law, un bufete de abogados que representa solamente a clientes que han sido lesionados en accidentes – en todo tipo de accidentes. por diecisiete años y he representado a miles de clientes lesionados. Tenemos oficinas en Tucson y Phoenix, Arizona, la misión de nuestro bufete es la de mantener a nuestros clientes bajo nuestro cuidado, guía y protección profesional para su máximo beneficio. Es lo que mi equipo y yo hacemos a diario. Soy miembro del (Million Dollar Advocates Forum), uno de los grupos prestigiosos de abogados litigantes en los Estados Unidos. La afiliación de Million Dollar Advocates Forum para abogados defensores que han ganado demandas millonarias. Menos del 1% de los abogados son afiliados.

En este libro les compartiré muchas de mis experiencias en cuanto a demandas y las compañías de seguros. Al compartirles mis experiencias, espero que usted se encuentre en la mejor posición posible para una resolución positiva en una situación terrible. Si usted siente que tenga preguntas que este libro no aclare en su totalidad, por favor siéntase con la confianza de contactarme directamente en dzanes@zaneslaw.com será un placer asistirle con cualquier pregunta que usted tenga, y con mucho gusto daré mi opinión.

CAPÍTULO DOS

Cuando el lesionado es desafortunado

Protégete de ser victima por segunda vez!

Mucha gente, cuando son lesionados en accidente automovilístico son víctimas en más de una, ocasión porque el conductor responsable no tiene la suficiente cobertura de seguro para ser compensado debidamente. En Zanes Law hemos visto con frecuencia que esto le suceda a nuestros clientes. Representamos a clientes que han sido lesionados por causa del error de otra persona. Lo peor es que nos damos cuenta que la persona responsable no tiene seguro o la cobertura suficiente para nuestro cliente. Ahí es cuando el cliente es víctima por segunda vez. Desafortunadamente, cuando ocurre un accidente, ya es demasiado tarde para comprar un seguro con cobertura suficiente. Tenemos la oportunidad de prevenir una lesión más grave mucho antes de que ocurra un accidente.

En este capítulo, hablaré de la cobertura de seguro automovilístico para que usted comprenda lo que debe hacer para protegerse. Así es – Protéjase. Debe hacer esto para usted mismo . A pesar de los comerciales televisivos astutos y atentos de las compañías, ayudarle en caso que algo malo le ocurra. Simplemente están de venderle una póliza de seguros que ellos esperan nunca tener que liquidar. Para protegerse, necesita conocer – comprar la cobertura de seguro adecuada.

¿Cuánta cobertura necesito?

Empecemos con la siguiente pregunta: "¿Cuánto seguro necesito para mi auto? Me sorprende que solo me han hecho esta pregunta **muy pocas** veces. No me imaginaba que la gente pensara en el propósito de su seguro automovilístico   o de cuanta cobertura necesita. De hecho, antes de que empezara a representar a víctimas de accidentes automovilísticos, no le daba tanta importancia a mi seguro automovilístico. Simplemente compraba lo que siempre había comprado. Sin el conocimiento apropiado, simplemente pensaba que era la cobertura que necesitaba. Que equivocado estaba. Por eso empezaré por compartir acerca de la el seguro automovilístico de cobertura de responsabilidad civil Cobertura de reponsabilidad (Liability Car Insurance Coverage).

Cobertura de reponsabilidad (Liability Car Insurance Coverage) es parte de su seguro automovilístico le da cobertura en caso de que ocasione un accidente y alguien resulta lesionado. Esta cobertura lo protege el tener que pagar de su propio dinero si accidentalmente lesiona a alguien al pasarse un semáforo en rojo, por decir así. Por ejemplo, su seguro automovilístico le paga a la persona lesionada por el accidente que usted ocasionó, para reembolsarle gastos médicos, salario perdido y para indemnizar o reparar o resarcir por dolor y sufrimiento,   y los inconvenientes por estar lesionado. Su seguro pagará por cualquier pérdida ocasionada por dicho accidente. Si su o seguro decide entablar una demanda en contra de la persona lesionada y usted es demandado; su compañía de seguros contratará y le pagará a un abogado para la defensa de su demanda. Incluso, si usted pierde la demanda, ellos pagarán su juicio.

¿Si usted hubiera sabido qué tendría un accidente...
Cuanto seguro automovilístico compraría?

a.) El mínimo requerido por la ley
b.) El máximo que usted pueda comprar

En la actualidad, cada estado tiene sus propias leyes en cuanto a la **cantidad mínima** de cobertura de seguro de responsabilidad civil que un conductor debe obtener. En Arizona, la cobertura mínima que usted **debe** obtener por ley es de $15,000. Sin embargo, todos sabemos que esto no es para nada suficiente! En caso de que usted lesione accidentalmente a una persona; los gastos médicos de esta pueden llegar a ser de más de $15,000. Si usted es responsable por los gastos médicos, la perdida de salario, dolor y sufrimiento y sin duda otros daños; $15,000 no son suficientes para protegerle.

En la mayoría de los casos, cuanta más cobertura automovilístico compre es directamente proporcional a cuanto usted pueda comprar. Por lo antes mencionado, mi recomendación es todos obtengan **por lomemos, un valor de $50,000 de cobertura de responsabilidad civil.** Esto asegura que cualquier persona - que usted lesione en un accidente automovilístico tenga una mejor posibilidad de ser debidamente indemnizado por lesiones y daños.

Incluso e igualmente importante, le dará más posibilidad de estar protegido en caso de una demanda de cobertura de responsabilidad civil. Recuerde, si usted lesiona accidentalmente a alguien tan severamente que su cobertura de responsabilidad civil no es suficiente para indemnizar a la persona lesionada, podría usted ser el responsable de cubrir los gastos. Esto significa que usted tendrá que pagarle al lesionado la diferencia entre el dinero disponible del seguro. Por eso mismo una persona que tiene salario alto y/o tiene bastante capital patrimonial, va necesitar más un seguro automovilístico de mayor cobertura protegerse de cualquier cobertura personal. Aunque la cantidad de cobertura del seguro de responsabilidad civil que usted obtenga es una decisión personal, esta merece considerarse cuidadosamente.

Seguro de cobertura contra conductores no asegurados (Uninsured Motorist Insurance Coverage esta le protege en caso de ser lesionado en una accidente automovilístico y el conductor responsable no tiene seguro automovilístico. Desafortunadamente, aquí en Zanes Law vemos este tipo de accidentes automovilísticos de conductores no asegurados muy seguido, es más común de lo que la gente piensa. Véalo de esta perspectiva: Si alguien tiene problemas para pagar sus facturas, normalmente no dejan de conducir ni renuncian a su auto. De hecho, prefieren comprar comestibles y pagar el alquiler de su vivienda antes que pagar un seguro automovilístico. Así que dejan que su seguro – caduque. Si usted tuvo la mala fortuna de que un conductor que no pudo pagar su seguro automovilístico le chocó, usted ha sido lesionado por un conductor no asegurado. Esto significa que el/ella no tendrá la cobertura de seguro para indemnizarle por sus lesiones, tiempo perdido en el empleo, dolor y sufrimiento, etc. Si usted se encuentra en esta situación, la ley le permite demandar a la persona que le choco y someterse o llevarlo a juicio; pero, en mi experiencia, las probabilidades de que usted obtenga dinero de esa persona son muy remotas o inexistentes.

Por la razón anteriormente mencionada, mi opinión es que usted **DEBE** adquirir seguro de cobertura contra conductores no asegurados cuando compre su seguro de cobertura de responsabilidad civil. A diferencia de su seguro de cobertura de responsabilidad, el cual existe para protegerle a usted y a su familia. Aunque no hay como comprobarlo , siempre he tenido la impresión que a las compañías de seguros prefieren **no venderle el seguro de cobertura contra conductores no asegurados**. Esto es porque la primera parte de esta cobertura es mas económica para usted; pero el costo es alto para la compañía de seguros porque ellos hace pago sobre pago en esta cobertura se seguro. ¿Por qué? Las compañías de seguros pagan en seguros de automovilistas no asegurados tan frecuente porque hay tantos conductores sin seguro automovilístico en las carreteras. Por lo tanto, le aconsejo que adquiera el seguro con cobertura más amplia de conductor no asegurado. Hace muchos años, tome esta misma decisión por lo que veo suceder a diario. Por lo tanto, escogí el seguro automovilístico principalmente con el fin de proteger a mi familia.

Cobertura de seguro contra conductores con seguro insuficiente (underinsured motorist insurance coverage) este seguro automovilístico le paga a **usted** si es lesionado en un accidente automovilístico por otro conductor que solamente tiene cobertura de seguro de responsabilidad civil (liability insurance coverage); pero que no tiene cobertura suficiente para indemnizarle en su totalidad por lesiones y daños. De hecho, en Zanes Law hemos visto con frecuentemente a clientes que han sido lesionados por un conductor que sí tiene seguro pero tal vez no tengan la cobertura suficiente para indemnizar a nuestro cliente adecuadamente. Aquí es cuando la Seguro de cobertura contra conductores con seguro insuficiente entra en juego. Si no tiene cobertura de seguro contra conductores con seguro insuficiente en la póliza de su seguro automovilístico y tiene la mala fortuna de que le choque una persona que tiene cobertura de seguro mínima, corre el riesgo de no ser indemnizado en su totalidad por lesiones. Puede utilizar su cobertura de seguro contra conductores con seguro insuficiente para poder liquidar cuentas médicas, el tiempo perdido en el empleo, dolor y sufrimiento, etc. en su totalidad.

Lo anteriormente mencionado es la razón por la cual pienso/opino que usted **DEBE** adquirir cobertura de seguro de automovilistas con seguro insuficiente cuando usted adquiera también el   seguro de cobertura de responsabilidad civil (liability insurance coverage) y su seguro de cobertura de conductor no asegurado (UM). La cobertura de seguro de automovilistas sin seguro el seguro de cobertura contra conductores con seguro insuficiente (UIM) existen para protegerle a usted y a su familia , y son relativamente económicos. En algunas pólizas de seguro el costo puede ser de más de $10.00 a $15.00 - por cobertura de 6 meses. Con base en mi experiencia, le puedo garantizar que si se involucra en un accidente y no es su culpa, usted estará muy feliz por haberla adquirido.

Aunque la descripción anterior no es una descripción a fondo de todos   los tipos de coberturas disponibles en un póliza de seguro automovilístico; estas son las tres básicas que le protegerán. Cuando usted hable con su compañía de seguros automovilísticos debe considerar también el adquirir la **cobertura de gastos médicos** (medical payment coverage), cobertura de daños a la propiedad conocida como **cobertura de colisión / completa** (comprehensive/ collision coverage), y cualquier otra cobertura que esté disponible para usted. Tenga en mente que todos los estados son diferentes y tienen diferentes leyes en cuanto a la cobertura del seguro de responsabilidad civil que un conductor debe adquirir. Por eso la información antes mencionada es simplemente información en general. Por favor investigue y entienda las leyes específicas en cuanto a la cobertura de seguros automovilísticos en su estado.

¡Ahí lo tiene! Para recapitular, para poder protegerse usted debe comprar:

1. La cobertura de responsabilidad civil de por lo menos $50,00.
2. El seguro de cobertura contra conductores no (UM).
3. Seguro de cobertura contra conductores con seguro insuficiente (UIM).

Recuerde que las coberturas UM y UIM (por sus siglas en inglés) le proveerán el dinero que necesite en caso de que sea lesionado por alguien que no tiene la cobertura de seguro suficiente.

SEA PROACTIVO Y PROTÉJASE USTED Y A SU FAMILIA.

CAPÍTULO TRES

¡Me chocaron!
¿Ahora qué hago?

La mayoría de mis clientes se sorprenden por lo rápido en que ocurre un accidente. En un instante se acaba todo. ¿Ahora que?

Sea proactivo! Una lista en caso de un accidente:

Después de un accidente, usted debe de asegurarse de obtener toda la información posible. Muchas veces esto puede ser muy fácil porque llegan las autoridades al lugar del accidente y toman nota de todo; pero no siempre se puede contar con eso por ejemplo, hace algunos años el departamento de policía de la ciudad de Tucson decidió que los oficiales de policía ya no responderían lugar del de un accidente automovilístico habitual. Esta política era (y sigue siendo) que solo responderían al lugar de un accidente automovilístico si alguien resultó significativamente lesionado o si un automóvil bloqueaba trafico. Así que, aunque usted resulte lesionado, mas no necesita atención médica inmediata; el departamento de policía le pedirá que intercambie información con el otro conductor involucrado. Por lo tanto, después de una accidente usted debe ser proactivo y obtener toda la información que usted crea pueda necesitar a continuación le explicaré el porqué debe siempre obtener las siguientes cuatro cosas después de un accidente: 1. Tome fotografías; 2. Anote los datos personales referente a los testigos; 3. Anote los datos personales del otro conductor; y 4. Consulte a su médico si resultó lesionado.

Tome fotografías

Primeramente, tome fotografías de todo lo que pueda ser importante más tarde. Tome fotografías de todos los automóviles involucrados en el accidente. Tome las fotografías antes de que los muevan los automóviles de la carretera. Esto puede ser de mucha ayuda para comprobar que el accidente sí ocurrió. Muchas veces el otro conductor tiene una versión diferente del accidente a su versión que lo responsabiliza a usted.

También debe tomar fotografías de los daños materiales de los automóviles involucrados. Esto será de gran ayuda para comprobar que el impacto del accidente fue significativo. Esto puede ser extremadamente importante en una demanda por accidente.

Tome nota de las lesiones visibles

Recuerde tomar fotografías de las lesiones visibles que tenga. Esto puede incluir hematomas, cortadas, raspones, inflamación, etc. Le repito, esto es muy importante y puede ser extremadamente persuasivo mucho después que ocurra un accidente. Por ejemplo, cuando usted intenta explicarle al ajustador de la compañía de seguros, al mediador o al jurado exactamente cuáles fueron sus lesiones; las fotografías valen mas que mil palabras.

Testigos

Asegúrese de obtener los datos personales de la persona/s que vieron lo que sucedió en el accidente. ¡Esto es necesario! En Zanes Law, hemos visto casos donde la compañía se seguros disputa la responsabilidad y culpa a nuestro cliente en cuanto al accidente. Es entonces cuando nosotros necesitamos al testigo. Desafortunadamente cuando nuestro cliente no obtuvo la los datos personales del testigo/s en el lugar del accidente , no tenemos manera de localizarle. Muchas veces es porque no se les ocurrió, y otras veces es porque el cliente piensa que el oficial de policía o el agente (escoge y quédate con esa opción) obtuvo la información, pero no fue así. Esta puede ser la diferencia entre el ganar o perder un reclamo; así que no cometan este error. Si usted conversa con un testigo que vio lo que sucedió en el accidente, pida su, nombre, domicilio, número telefónico y correo electrónico, si lo tiene. ¡Asegúrese de poder localizar a su testigo en caso de necesitarlo más adelante!

Información del otro conductor

Además, asegúrese de obtener toda la información del conductor responsable, incluyendo la información de su seguro automovilístico. Desafortunadamente, he estado involucrado en algunos accidentes automovilísticos y le diré exactamente que fue lo que yo hice. Primero, le di mi tarjeta de seguro al otro conductor (aunque no halla sido mi culpa) también le pedí al otro conductor que me diera su tarjeta de seguro. Es mas fácil así, porque la tarjea contiene **TODA** la información del seguro automovilístico, lo cual incluye el nombre de la compañía de seguros, el número de póliza, la información del vehículo y la información del asegurado. Después, insistí en ver una identificación con fotografía para poder verificar que me había dado su nombre verdadero y cerciorarme de que en realidad era la persona que el/ella decía ser y verificar domicilio y fecha de nacimiento. ¡Esto es extremadamente importante! He visto demasiados clientes a los cuales les han mentido y les han dado información falsa o incorrecta después de haber estado involucrados en un accidente automovilístico. Cuando esto sucede, es más difícil saber a que compañía de seguros contactar para hacer el reclamo. Además, cuando usted demanda al otro conductor debe tener el domicilio del conductor a fin de hacer notificación de la demanda. En mi experiencia como abogado, muchos de mi clientes han olvidado obtener el domicilio del conductor responsable. En estos casos, es mas costoso y mas difícil interponer una demanda. Le repito, no se limite solamente a obtener el número telefónico y el nombre. Esa no es ni la mínima información suficiente . Insista en ver una identificación con fotografía y luego anote esa información.

Voy a utilizar como ejemplo un caso de la vida real que hemos visto más de una vez. Nuestro cliente estuvo involucrado en un accidente automovilístico. Las autoridades no respondieron al lugar del accidente. Las autoridades no levantaron el informe del accidente. El cliente no tomó las fotografías, no obtuvo información de los testigos, y solamente obtuvo el nombre y número telefónico del conductor responsable. Desafortunadamente, el conductor responsable no respondió ni contestó las llamada al cliente cuando este intentó obtener la información de la compañía de seguros. El cliente después nos contrató porque no tenía idea de que hacer Desafortunadamente, frecuentemente nosotros nos vemos en el mismo problema y no podemos localizar al conductor responsable y obtener la información de su seguro automovilístico. Si nuestro cliente tiene Seguro de cobertura contra conductores no asegurados (UM), entonces se haría ese tipo de reclamo, pero si nuestro cliente no tiene esta cobertura no hay mucho que podamos hacer para ayudarle. La moraleja de esta historia es la siguiente: obtenga la información completa del conductor responsable y la información de la compañía de seguros en el lugar del accidente antes de que tenga tiempo de pensar en cómo esquivar la responsabilidad del accidente.

Si hay lesiones graves- Llame al 911

Por último, si ha sido lesionado debe buscar atención médica. Si sus lesiones son considerables usted necesita una ambulancia, asegúrese de llamar al 911 y obtenga la atención médica inmediata que necesita. Si usted no necesita una ambulancia; pero aun cree tener que ir a centro de emergencias, por favor **no dude** en ir a cualquier hora después de haber dejado el lugar del accidente. En el siguiente capítulo, hablaremos detalladamente de las opciones que tiene usted para obtener atención medica.

CAPÍTULO CUATRO

¡Siento como que me paso un camión por encima!

Atención médica Y superando los obstáculos

En Zanes Law generalmente existen dos tipos de casos de lesiones corporales.

- Primero, existen casos donde nuestro cliente tiene lesiones graves qué son obvias. Normalmente el cliente es llevado al centro de emergencia en ambulancia desde el lugar del accidente y es hospitalizado debido a varias lesiones tales como huesos rotos, hemorragia interna; algo que normalmente necesite cirugía y hospitalización.

- Segundo, existen casos donde nuestro cliente ha sufrido lesiones del tejido blando. Las lesiones del tejido blando consisten en un esquince ó tensión en los músculos, tendones y ligamentos. Por lo general es más difícil comprobar que la lesión del tejido blando fue ocasionada por el accidente. Aun cuando las lesiones graves sean mucho más fáciles comprobar; de cualquier manera en ambos casos la atención médica que usted reciba es extremadamente importante para su demanda por lesiones corporales.

En realidad es muy sencillo. Sin la atención médica que respalde su demanda por lesiones, en realidad no habrá una demanda por lesiones corporales. Amenos no una demanda por lesiones de gran cuantidad. Esto es porque sin la atención médica y la documentación correspondiente, la compañía de seguros determinará que usted no fue lesionado en el accidente y no será indemnizado.

¿Qué debo hacer si no tengo seguro medico?

Un desafío que enfrentan muchos de mis clientes es la falta de seguro médico. Sin seguro médico puede ser sumamente difícil obtener atención médica. A lo largo de los años en Zanes Law hemos establecido una relación con los proveedores de servicios médicos para poder darle a nuestros clientes la atención médica que necesitan, aun cuando no cuentan con seguro médico. Esta en mi opinión (basada en mi experiencia), si usted es lesionado en un accidente y no cuenta con seguro medico, definitivamente usted debe contratar a un abogado litigante con experiencia en casos de lesiones corporales para que le ayude.

Un abogado con experiencia le pude ayudar a contar con la atención médica que usted necesita y tendrá la oportunidad de hacer un arreglo de pago por medio de la demanda de su caso. Tenga en mente que los gastos médicos pueden ser costosos así que asegúrese que los gastos puedan ser liquidados con la demanda por lesiones. No le conviene acumular gastos médicos sin estar seguro/a que estos serán liquidados por medio de una demanda por lesiones corporales.

Busque atención medica

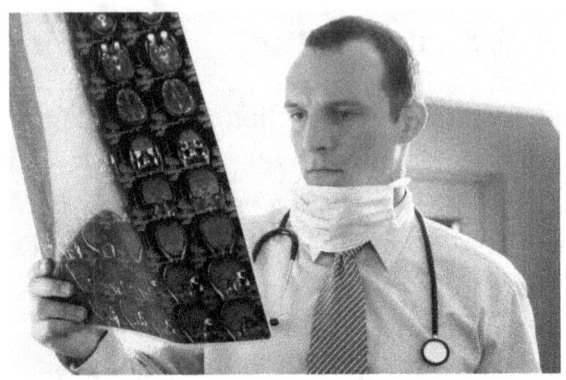

Recomiendo que cualquier persona lesionada en un accidente visite a un médico. Creo que al inicio la mejor opción sea ver a su médico de cabecera. Usted tendrá que explicarle a su doctor acerca de su accidente y sus lesiones- de pies a cabeza- lo que usted está sintiendo a causa del accidente. En mi experiencia, su médico de cabecera documentará todos los síntomas y quejas. El médico también tendrá autoridad para darle una recetarle medicamentos (si ambos creen prudente) también podrá recomendarle que tipo de tratamiento será mejor para sus lesiones. En los años que he ejercido he visto que los médicos han recomendado a mis clientes visitar a un medico fisioterapista, también con un especialista o un quiropráctico. También he visto que el médico solo le dice al cliente que se vaya a casa y descanse.

Algo que debe tener en cuenta es lo siguiente: Si su médico simplemente le dice que valla a casa y descanse,. Sí usted no mejora en un periodo de una o dos semanas debe volver con su médico para una segunda revisión. Recuerde, su meta es la de mejorar, no la de vivir en agonía toda la vida debido al dolor.

Si usted no mejora en una o dos semanas y ya ha empezado la fisioterapia oh ha asistido al quiropráctico, o a obtenido cualquier otro tratamiento médico, es extremadamente importante que usted asista y no pierda ningún cita medica, ni mucho menos que haya un lapso significativo entre sus citas. La compañía del conductor responsable usara eso en su contra y puede intentar alegar que usted no estaba realmente lesionado. De cierta manera es lógico, las compañías de seguros han comprobad una y otras ves que el jurado siempre esta a favor del cliente siempre y cuando haya asistido debidamente a sus citas medicas y hayan seguido las instrucciones del medico al pie de la letra.

¿Necesita tratamiento médico a largo plazo?

Conforme mis clientes avanzan en el tratamiento médico, normalmente vemos que suceden dos cosas. Los clientes mejoran y se recuperan de sus lesiones sin problema – Aunque hayan recibido el tratamiento médico disponible y apropiado. Más adelante nuestro cliente puede continuar con dolor y con problemas. Si usted pasa por esta situación, es muy importante que tales complicaciones sean debidamente documentadas por su médico. Es extremadamente importante que no haya duda alguna de cómo se siente usted después del tratamiento médico.

Su meta en cuanto al tratamiento médico es sencillo, o por lo menos debe serlo. Su meta no es la de construir la mejor demanda por lesiones corporales posible o una demanda de alta cuantía. Su meta es la de recuperarse para mejorar y **volver a como estaba antes del accidente**. Recuerde, finalmente recibirá indemnización justa, pero debe de sobrellevar su vida con el hecho de haber sido lesionado. Por lo tanto, su debe es el de recuperarse al 100%. Su meta debe ser regresar a la normalidad. Nadie le dirá esto, pero **nunca** habrá dinero suficiente por el cual le de gusto haberse lesionado. Pero, si usted puede recuperarse y no tener problemas en el futuro, es mas fácil que usted siga con su vida feliz y con actitud positiva.

CAPÍTULO CINCO

Veo el tren del dinero.
¿Cómo lo atrapo?

De nuevo, debe entender que no existe nada que yo, ni alguna otra persona pueda hacer que lo haga feliz por haberse accidentado. En mis 17 años manejando demandas por lesiones corporales, es poco común que alguien se haga rico de la noche a la mañana debido a accidente automovilístico o por una demanda de lesiones corporales. Sin embargo, un buen abogado especializado en demandas de lesiones corporales por lo menos podrá ayudarle con le pago de sus facturas médicas y con una justa indemnización por haber sido lesionado, y por haber tenido la experiencia de haber estado involucrado en un accidente automovilístico.

Una indemnización millonaria por lesiones es resultado de eventos y lesiones horribles que cambian la vida .La mayoría del dinero obtenido es utilizado para saladar, pagar presentes y futuras facturas médicas. Así que, la verdad es que usted estaría mucho mejor con una indemnización justa por sus lesiones y una recuperación médica completa , que con las consecuencias horribles que cambiarían completamente la vida con una indemnización millonaria.

Por lo general, usted estará listo para finalizar la demanda por lesiones cuando haya terminado con su tratamiento médico y se haya recuperado completamente de sus lesiones. El verdadero valor de su demanda es difícil determinar; Pero no entraré en detalles al respecto en este libro.

Facturas y expedientes médicos

Para poder finalizar su demanda por lesiones debe obtener todas las copias de sus facturas y expedientes médicos de sus proveedores. Esto suena muy fácil; pero puede ser complicado en ocasiones. Lo complicado esta en obtener exactamente lo que la compañías de seguros quieren.

Por ejemplo, algunas compañías de seguros cuando piden facturas médicas requieren un código que la compañía de seguros usa para liquidar las facturas. Los hospitales normalmente prefieren no entregar al cliente las copias de las facturas que contengan dicho código.

Lo más seguro es que el ajustador requiera que usted firme una autorización para poder obtener copias de sus expedientes y facturas médicas. Por lo cual le recomiendo que firme y autorice al ajustador el obtener los expedientes y facturas; eso sí, insista que le envié una copia de todo lo que él/ella reciba. También le sugiero que obtenga los expedientes y facturas de sus proveedores para que compare los documentos que le envié el ajustador.

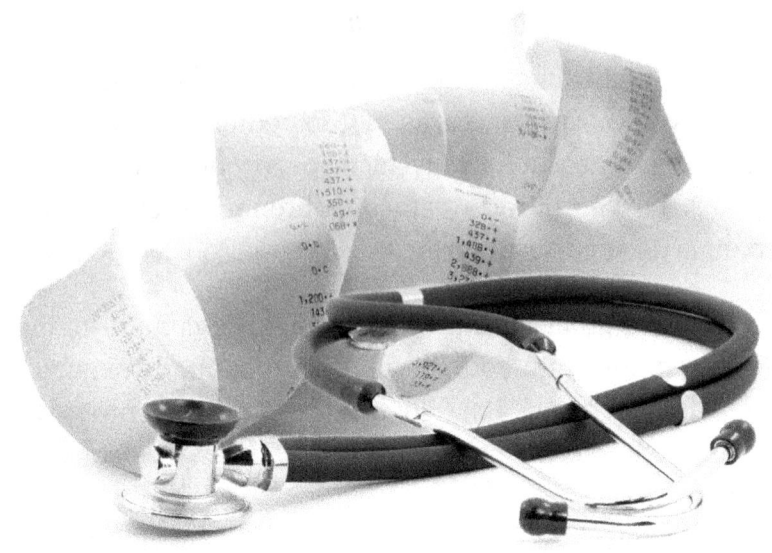

Cuando el ajustador haya recibido todas las facturas y expedientes médicos, ya puede usted finalizar su demanda. Para llegar a un acuerdo de indemnización tendrá que negociar con el ajustador. Como mencioné antes, determinar el valor de su caso puede ser complicado.

A lo largo de los años he pensado que el valor de una demanda por lesiones corporales l pueda ser tres veces el valor del monto total de sus facturas médicas. Este modelo de valoración dista de ser preciso. De hecho, es un mito. Muchos casos tiene un valor mucho más bajo y otros mucho más alto; pero las medidas para determinar el valor de un caso se basan en la siguiente pregunta: ¿Cuánto le ortografía un jurado a nuestro cliente si el caso se va a juicio? Como usted puede imaginarse, la respuesta a esta preguntaste se basa en gran parte, en mi experiencia como abogado litigante y en la experiencia de los abogado con los que trabajo. La mayoría de los abogados no tienen la dicha de tener este tipo de experiencia o perspicacia.

¿Debo manejar mi propia demanda?

Finalmente, si usted decide manejar su propio caso en lugar de contratar a un abogado especializado en demandas por lesiones corporales, debe saber que desde ese momento usted ha perdido un gran beneficio con la compañía se seguros. Esto no siempre es un problema para que la compañía de seguro quiera pagar su indemnización, pero sin duda puede serlo. ¿Qué quiere decir esto? Es sencillo, en cualquier demanda el beneficio que usted posee es la habilidad de poder demandar al responsable. En mi experiencia, cuando una persona lesionada no contrata un abogado, la compañía de seguros sabe con certeza que su asegurado (cliente) no le demandará. Incluso, las compañías de seguros saben cuales son los abogados que prefieren demandar en estos casos y también saben cuales no demandan. Así que si usted contrata a un abogado que tiene la reputación de no interponer demandas entre las compañías de seguros, usted se encontrará en la misma situación a que si hubiera manejado su propio caso y aun así tendrá que pagar los honorarios del abogado. Es por eso que debe contratar un abogado de un despacho que esté dispuesto a litigar casos por lesiones corporales y que pueda obtener una indemnización justa para su cliente. Es así que se puede llegar a un arreglo en su caso y solucionarse, o procede una demanda contra la persona que lo lesionó.

CAPÍTULO SEIS

"Trucos sucios....

La realidad de las compañías de seguros"

Cuando empecé a representar a clientes lesionados hace 17 años, me hice a mi mismo la siguiente pregunta: ¿Será que el ajustador de las compañías de seguros es amigo y defensor de mi cliente? Me tomó solo una conversación con un ajustador para saber que la respuesta es...... ¡NO!

La gente que ha sido lesionado olvida que el seguro es un simple negocio. Creen que por interponer una demanda es por simple justicia, especialmente a la hora de ser compensados. *La meta de la compañía de seguros es pagarle lo menos posible en su demanda.* Entre menos dinero le dan, más dinero tienen ellos. Así de sencillo. Y para agregarle a la ecuación el hecho que la compañía de seguro tiene recursos ilimitados. Usted verá como todo lo que ellos hacen es solo para favorecer a la compañía de seguros simplemente.

Tenga cuidado de UN indemnización a la ligera

A lo largo de los años he llegado a la conclusión de que inmediatamente después de un accidente, el propósito de la compañía de seguros de la persona responsable es la de resolver su caso por lesiones por una cantidad mínima.

De hecho, las compañías de seguros tiene anuncios donde dicen que ellos (el ajustador) pueden llegar a del accidente y ayudarle a usted, es decir, a su asegurado. Mis clientes me han dicho que estos ajustadores están mas enfocados en hacerle un cheque y de que firmen un formulario de autorización para finalizar la demanda. ¿Acaso no es muy obvio que el ajustador simple y sencillamente va al lugar del accidente para confundirlo y poder finalizar el reclamo con un valor monetario muy bajo?

¿Entonces por qué funciona? ¿Por qué alguien acepta finalizar el reclamo ahí mismo? Supongo que esto les funciona muy bien a las compañías de seguros porque inmediatamente después de un accidente, la víctima no se siente lesionada. La adrenalina está a todo lo que da. Están agradecidos de no haberse fracturado una extremidad y de no ver sangre. Así que se conforman con $500.00 mas o menos y firman la aceptación responsabilidad. Al siguiente día amanecen adoloridos y ahí es cuando se dan cuenta que realmente están lesionado;, pero ya es demasiado tarde porque ya han finalizado su caso por casi nada. **No termine en esta situación**. En Zanes Law, hemos tenido a clientes que han pensado que simplemente están adoloridos y que se recuperarán pronto y después se dan cuente que necesitaran cirugía para reparar un tendón que se le ha desgarrado o una extremidad, o una hernia en la columna vertebral, o cualquier otra lesión significativa. Este tipo de casos pueden tener un valor de miles y miles de dólares, no simplemente los pocos cientos de dólares que les ofrecen cuando sucede el accidente. La moraleja de la historia es la siguiente: ¡No sea víctima por segunda ves con un indemnización a la ligera.!

Han llegado clientes a contratar mis servicios y me dicen que han cobrado un cheque de la compañía de seguros del conductor responsable. El ajustador le dijo al cliente que solamente era para reembolsar los gastos inmediatos y la perdida de salario,; pero que no finalizaba su caso. Así que tomaron el cheque y lo cobraron. Y cuando hablamos con la compañía de seguros nos dicen que mi cliente ya finalizó su caso. Cuando revisamos el cheque que mi cliente cobró, efectivamente, a se había finalizado el caso. Yo no fui parte de la conversación entre mi cliente y la compañía de seguros y no sé exactamente qué fue lo que se dijo; pero le puedo asegurar que esto lo he visto muchísimas veces en el transcurso de mi carrera.

Las personas que han sido lesionadas creen que par a finalizar un caso deben firmar una aceptación de responsabilidad. Si el cliente es parte de una conversación con fines de finalizar un acuerdo y da una autorización verbal, probablemente ya ha finalizado. Así que cuando usted ha aceptado y a cobrado el cheque, probablemente esto sea suficiente para que la compañía de seguros gane la disputa en cuanto a que usted ha finalizado su demanda. El mejor consejo que puedo darle es el siguiente: **No cobre un cheque de alguna compañía de seguros al menos que usted este 100% seguro que ya quiere finalizar su caso o está seguro que no se finaliza al cobrarlo.**

Normalmente, después de un accidente la compañía de seguros debe obtener un relato de los hechos en una grabación. Le harán preguntas acerca del accidente, sus lesiones y cualquier otra cosa que les interese saber. No es necesario que usted les de el relato hablado. Si usted decide hacerlo, es muy importante que usted conozca las razones por las cuales la compañía de seguros requiere grabarlo. Usarán lo que usted dice en su contra en el futuro si es que en algún momento dice algo diferente.

Por ejemplo, en Zanes Law, hemos tenido clientes que han grabado los relatos del los hechos del accidente antes de habernos contratado y antes de saber que estaban lesionados. Lo que se registró fue que nuestro cliente no había sido lesionado. Después, cuando empezaron con dolores unas horas después del accidente y necesitaron asistir a una cita con el médico; la compañía de seguros usó eso en su contra,. Dijeron que no creían que el cliente había sido lesionado para así no tener que indemnizarle.

Por favor tenga esto en mente si usted acepta grabar un relato de los hechos, podría retractarse de lo que dijo y esto tal vez afecte su demanda a la larga.

CAPÍTULO SIETE

"!No manden factura a mi seguro medico, Dijo el paciente desubicado!"

A lo largo de los años he tenido clientes que creyeron que su seguro médico no debía pagar el tratamiento. Nunca he entendido este [unto de vista par a eso tenemos seguro medico. Hacemos el pago de nuestro seguro médico cada mes por que si nos llegamos a enfermar o a lesionar tendremos la oportunidad de ser atendidos médicamente y también de cubrir gastos médicos. ¡Pero cuando somos lesionados en un accidente, no queremos utilizar nuestro seguro medico! Entiendo que muchos de nosotros preferimos que el responsable y su compañía de seguros cubran los gastos médicos. A fin de cuentas ellos son los responsables. Este es un proceso que puede tomar tiempo. Cuando usted va a un hospital o visita a su médico de cabecera ,asegúrese de darles su información seguro médico y de que manden la factura de gastos médicos a ala aseguradora.

He tenido clientes que me han dicho que mientras estuvieron en la sala de emergencias del hospital, el personal de enteró que el cliente estuvo involucrado en un accidente automovilístico y que estos les dijeron que no necesitaban la información del seguro médico. Esto no es bueno para usted en primer lugar porque usted como paciente es el responsable de pagar la factura por servicios médicos; sin importar que el posible resultado de su demanda por lesiones. Si meses más adelante, sale a relucir que no hay seguro automovilístico disponible para pagar sus gastos médicos usted será el responsable de esas facturas. Segundo, cuando esto suceda puede que ya sea demasiado tarde para que el hospital mande la facturas a su seguro médico y usted seguirá siendo el responsable de cubrir esos gastos. Esto puede ser muy malo porque una simple visita al centro de emergencias puede costar miles y miles de dólares, y usted será responsable de saldar la cantidad completa.

He aquí un ejemplo de cómo en mi opinión usted debe lidiar con esta situación. Digamos, por ejemplo, que usted está involucrado en un accidente automovilístico y lo trasladan a un hospital. Al llegar al hospital y llenar toda la  documentación, asegúrese de darles la información completa de su seguro médico y también copia de la tarjeta de seguro. Mencione específicamente que usted quiere que manden la factura la aseguradora Después de que lo hayan atendido y mandado a su casa usted tiene comunicarse con hospital al departamento de facturación para asegurarse que han mandado la factura a la aseguradora y que poseen la información correcta de su seguro médico. Tenga en mente que el costo de la visita al hospital es de más o menos $10,000.00. Lo que no sabe usted es que la aseguradora tiene un convenio de pago y no pagarán el monto total de la factura pero si resulta que usted es el responsable, entonces usted SÍ deberá pagar la cantidad completa. ¿Así que qué prefiere usted, que se liquide completamente su factura o tener que ser usted mismo el responsable de cubrir los gastos? Por favor no cometa este error.

CAPÍTULO OCHO

Las tres VERDADES que vivimos

Espero que esta información haya sido de ayuda para usted. Es para proveer a alguien que a sido lesionado en un accidente un poco de información que le asistirá en el manejo de su reclamo, o simplemente para entender el proceso básico de un reclamo por lesiones corporales. Ciertamente no esta en detalle para comprender cada detalle de un reclamo. Es **muy importante** que usted comprenda que todos los reclamos por lesiones corporales son diferentes y que generalmente el trabajo del abogado se basa en los factores de cada caso. Desafortunadamente los errores que he visto a las víctimas cometer se debe a que no conocen la complejidad de un caso de demanda por lesiones. No tienen la ventaja de haber manejado miles de estos tipos de casos. Incluso, también he visto abogados cometer este mismo tipo de errores. Estoy seguro que usted entiende la importancia de la experiencia para llevar acabo una demanda por lesiones corporales.

En Zanes Law hay **3 VERDADES** por las cuales vivimos y que han sido infundidas en nuestros casos de lesiones corporales. Creo que toda persona que haya sido lesionada debe entender estas verdades. Las 3 VERDADES que debe usted entender son la siguientes sea que se representara a sí mismo o que contratara a un abogado para su defensa en una demanda por lesiones corporales..

1. No hay nada que su abogado haga que lo haga feliz de que haya pasado por algo así. **La VERDAD** es que en 17 años

de manejar casos de lesiones corporales le puedo asegurar que es poco común que una víctima de una lesión corporal se haga rico a causa de un accidente. Sin embargo, un buen abogado especializado en casos de lesiones corporales podrá lograr que se liquidar cubran sus facturas medicas por gastos médicos y compensarle e indemnizarle justamente por la terrible experiencia de haber estado involucrado en un accidente automovilístico. Por favor entienda que una demanda de un millón resulta en lesiones terribles que le cambiarían completamente la vida. En la gran mayoría de la situaciones, usted estará mejor si recibe una indemnización justa y si goza de buena salud mucho dinero y pocas posibilidades de volver a la normalidad por causa de sus lesiones.

2. Usted puede manejar su propio caso sin la ayuda de un abogado. ¿Pero a qué precio? A largo plazo puede que le salga costando más en tiempo, molestias, recursos y dinero. Un buen abogado validará su accidente y le dará su opinión gratuita en una consulta inicial. **La VERDAD** es que un buen abogado especializado en demandas por lesiones corporales le ayudará a obtener una mejor resolución de su demanda a diferencia de si lo hace usted mismo; y evitará perder su tiempo y se ahorrará frustraciones obteniendo ayuda profesional.

3. Usted lesionada sido lesionado en el accidente y la demanda por lesiones corporales es para indemnizarle a usted al 100%. **La VERDAD es** que si aquí en Zanes Law creemos que a usted le irá mejor manejando su propio caso, se lo haremos saber. ¿Por qué? Porque queremos que obtenga todo el dinero posible en su bolso al final de

la demanda por lesiones o accidente automovilístico. Un buen abogado le dirá con toda honestidad si le irá mucho mejor manejando usted mismo su caso . Sin compromiso.

Después de haber representado a miles de clientes a lo largo de los años, mi equipo y yo hemos aprendido que la verdad antes mencionada se aplica a todos nuestros clientes y a todos los casos en los cual trabajamos. Sabemos que si vivimos diariamente bajo estas verdades tendremos un resultado mejor como bufete. En Zanes Law realmente cuidamos a nuestros clientes, los guiamos y los protegemos. ¡Se lo merecen!

INJURY LAWYERS

Central Tucson

3501 E Speedway Blvd #101

Tucson, Arizona 85716

Phone: 520.441.3720

South Tucson

1185 W Irvington Road #155

Tucson, Arizona 85714

Phone: 520.441.3867

Phoenix Law Office

4222 E. Thomas Rd, Ste. 230

Phoenix, Arizona 85018

Phone: 602.459.9678

Glendale Law Office

6601 W. Bethany Home Road, Ste. A10

Glendale, Arizona 85301

Phone: 623.552.5503

www.ingramcontent.com/pod-product-compliance
Lightning Source LLC
Chambersburg PA
CBHW070728180526
45167CB00004B/1667